Backen und Kunst

RAFFINIERTES KLEINGEBÄCK

EDELTRAUD WILLJUNG

Oertel+Spörer

IMPRESSUM

Alle in diesem Buch enthaltenen Angaben und Rezepte wurden von Edeltraud Willjung mit größter Sorgfalt geprüft. Dennoch sind inhaltliche Fehler nicht vollkommen auszuschließen.

Sämtliche Teile dieses Werkes sind urheberrechtlich geschützt. Jede Verwertung außerhalb der Grenzen des Urheberrechtes ist ohne Zustimmung des Verlags nicht zulässig.

© Oertel+Spörer Verlags-GmbH+Co. KG 2012
Postfach 16 42 · 72706 Reutlingen
Alle Rechte vorbehalten.

Layout und Satz: Bettina Mehmedbegović
Druck und Einband: Longo AG, I-Bozen
Printed in Italy.
ISBN 978-3-88627-934-0

 Besuchen Sie unsere Homepage und informieren Sie sich über unser vielfältiges Verlagsprogramm

BEGRÜSSUNG

KUNST ZUM NASCHEN – DAS IST KLEINGEBÄCK.

Kleingebäck gibt es in breiter Vielfalt, im Miniformat mit maxi Kalorien, die jedoch ohne schlechtes Gewissen genossen werden dürfen.

Viele Rezepte stammen aus einer längst vergangenen Zeit: Sie wurden in Sackelhausen und in vielen anderen donauschwäbischen Dörfern an Sonn- und Festtagen gebacken. Die Donauschwaben haben ihre Rezepte mit in ihr neues Leben getragen und heute kommt raffiniertes Kleingebäck aus Backöfen, die in Reutlingen stehen oder sonst wo auf der Welt. Selbst in New York habe ich die Regenbogen-Schnitten als „Rainbow Cookies" entdeckt.

Die Rezepte sind traditionell. Es sind Hausrezepte, Dorfrezepte, mit ungarischem, österreichischem und französischem Einschlag. Kreative Bäckerinnen haben sie individuell leicht verändert und verfeinert. Es sind Rezepte ohne Margarine, ohne Fertigprodukte, dafür mit vielen Eiern, Butter, Zucker, Nüssen, Mehl, Kaffee, Honig und Kakao.

Ich habe diese Rezepte gesammelt, sie mehrmals gebacken und zum Teil modifiziert. Die meisten Rezepte wurden minimalistisch aufgeschrieben und das Sprichwort, „man sollte nicht alles auf die (Gold-) Waage legen", kam auch hier zur Anwendung: Mehl nur so viel, wie der Teig annahm und Zucker nach Belieben. Der Kuchen kam aus dem Ofen, wenn er fertig war. Rezepte für Geübte, eben. Das Gewicht wurde teilweise in Eischwer, dem Gewicht der Eier, angegeben.

In diesem Backbuch sind einfache Rezepte versammelt, aber auch raffinierte, die ihre Zeit verlangen. Sollte eine Gebäckart nicht gelingen, nicht verzagen. Machen Sie Rumkugeln daraus (ausgenommen bei Karamell–Waffeln) und versuchen Sie es noch einmal! Je mehr man übt, desto mehr Gefühl entwickelt man - und der Erfolg stellt sich ein. Wichtig ist Ihre Experimentierfreude.

Ich hoffe, dieses Buch regt zum Nachbacken an. Denn Genuss gehört mit zu den Dingen, die das Leben lebenswert machen!

Edeltraud Willjung

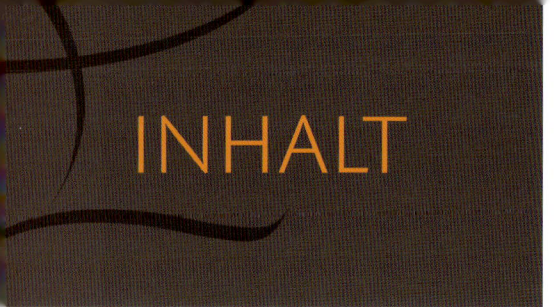

INHALT

Begrüßung 5
Gerbeaud-Schnitten 9
Mokka-Würfel 11
Karamell-Waffeln 13
Käthe-Schnitten 15
Zitronen-Schnitten 17
Magdalena-Schnitten 19
Sarah-Bernhardt-Küchlein 21
Schokoladen-Würfel 23
Regenbogen-Schnitten 25
Kalte Nuss-Roulade 27
Lia-Schnitten 29
Spanische-Schnitten 31
Sauerkirsch-Schnitten 33
Kakao-Schnitten 35
Kaffee-Schnitten 37
Rigó Jancsi 39
Antoni-Schnitten 41
Petits Fours 43
Dobos-Schnitten 45
Eisenbahner-Schnitten 47
Mimosen-Schnitten 49
Silvia-Schnitten 51
Schneewittchen-Schnitten 53
German-Schnitten 55
Philipp-Schnitten 57
Berliner-Schnitten 59
Butter-Rosen 61
Esterházy-Schnitten 63
Zimt-Schnitten 65
Rumba-Schnitten 67
Radio-Schnitten 69
Keks-Rolle 71
Honig-Schnitten 73
Angélique 75
Indianer-Schnitten 77
Konditor-Schnitten 79
Coco-Salami 81
Käse-Schnitten 83
Rumkugeln 85
Tipps 86
Danke 87

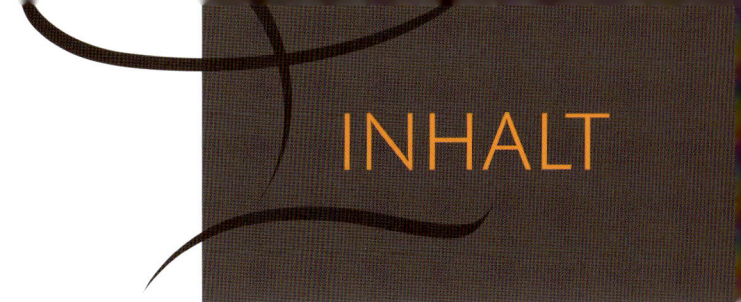

INHALT

VON SCHNELL UND EINFACH – BIS RICHTIG RAFFINIERT

Rumkugeln 85
Keks-Rolle 71
Coco-Salami 81
Zimt-Schnitten 65
Philipp-Schnitten 57
Indianer-Schnitten 77
Sauerkirsch-Schnitten 33
Schokoladen-Würfel 23
Eisenbahner-Schnitten 47
Kalte Nuss-Roulade 27
Käse-Schnitten 83
Angélique 75
Konditor-Schnitten 79
Silvia-Schnitten 51
Magdalena-Schnitten 19
Butter-Rosen 61
Kakao-Schnitten 35
Kaffee-Schnitten 37
Mokka-Würfel 11
Rigó Jancsi 39
Gerbeaud-Schnitten 9
Berliner-Schnitten 59
Esterházy-Schnitten 63
Sarah-Bernhardt-Küchlein 21
Käthe-Schnitten 15
German-Schnitten 55
Mimosen-Schnitten 49
Zitronen-Schnitten 17
Lia-Schnitten 29
Radio-Schnitten 69
Schneewittchen-Schnitten 53
Antoni-Schnitten 41
Spanische-Schnitten 31
Rumba-Schnitten 67
Honig-Schnitten 73
Regenbogen-Schnitten 25
Dobos-Schnitten 45
Karamell-Waffeln 13
Petits Fours 43

GERBEAUD

GERBEAUD

Emil Gerbeaud übernahm 1884 in Budapest die Konditorei des Schweizers Henrik Kugler. Seine Gerbeaud Schnitten waren sehr beliebt und aufgrund ihrer einfachen Zubereitung wurden sie schon bald gerne zu Hause gebacken.

GERBEAUD SCHNITTEN

ZUBEREITUNG

Für den Hefemürbteig:
- Hefe mit Zucker in der lauwarmen Milch und Sahne auflösen.
- Das Mehl auf die Arbeitsplatte sieben, die weiche Butter dazu und beides miteinander verreiben bis sich Brösel bilden.
- Eigelbe, Ei, Zitronenschale und die Hefe-Milch-Mischung zufügen und zu einem geschmeidigen Teig kneten.
- Den Teig in 3 Teile teilen. Das erste Teigstück dünn ausrollen, auf die Teigrolle wickeln und auf das mit Backpapier ausgelegte Backblech legen.

Für die Füllung:
- Marmelade aufwärmen.
- Die gemahlenen Walnüsse mit dem Zucker mischen.
- Das erste Teigblatt mit 4 EL Marmelade bestreichen und mit der Hälfte der Zucker-Nuss-Mischung bestreuen.
- Das zweite Teigblatt ausrollen, auf die Nuss-Mischung legen, mit Marmelade bestreichen und mit der zweiten Hälfte der Zucker-Nuss-Mischung bestreuen.
- Mit dem dritten Teigblatt bedecken und zugedeckt 30 Minuten gehen lassen.
- Den Backofen auf 180 °C vorheizen und den Kuchen 18 – 20 Minuten backen.
- Den noch warmen Kuchen dünn mit Marmelade bestreichen.

Für die Glasur:
- Espresso, Zucker und Kakao aufkochen und unter Rühren zwei Minuten lang kochen.
- Vom Herd nehmen, Kakao unterrühren, dann die Butter dazu, alles gut verrühren und etwa 5 Minuten lang weiterrühren.
- Die Glasur auf den ausgekühlten Kuchen streichen und am nächsten Tag in Stücke (2 x 5 cm) oder in Würfel schneiden (3 x 3 cm).

ZUTATEN

Für ein Backblech von 30 x 40 cm

Für den Hefemürbteig:
500 g Mehl
3 EL Zucker
20 g frische Hefe oder
1 Päckchen Trockenhefe
3 EL Milch
2 EL Sahne
250 g weiche Butter
2 Eigelb + 1 Ei
geriebene Zitronenschale

Für die Füllung:
250 g gemahlene Walnüsse
250 g Zucker
150 g Aprikosenmarmelade

Für die Glasur:
6 EL Espresso
8 EL Zucker
20 g Kakao
100 g weiche Butter

EINEN TAG VOR DEM SCHNEIDEN BACKEN!

MOKKA-WÜRFEL

ZUBEREITUNG

Für den Teig:
- Den Backofen auf 180°C vorheizen.
- Wasser und Zucker kochen.
- Eier steif schlagen, kochendes Zuckerwasser langsam dazugeben und weiterschlagen bis die Creme dicklich ist (etwa 3 Minuten).
- Walnüsse, Mehl und Espressopulver unterheben.
- Den Teig in ein mit Backpapier ausgelegtes Blech streichen und 12 Minuten backen. Auskühlen lassen, das Backpapier abziehen und den Kuchen quer durchschneiden.

Für die Creme:
- Milch, Zucker und Nüsse kurz aufkochen und auskühlen lassen.
- Butter schaumig schlagen und die Creme löffelweise unterrühren.
- Die Creme auf den ersten Kuchenboden streichen und mit dem zweiten (umdrehen, dass die glatte Seite oben ist) bedecken.

Für die Glasur:
- Espresso und Zucker aufkochen und unter Rühren 2 Minuten lang kochen. Vom Herd nehmen, Kakao unterrühren, dann die Butter, alles gut verrühren und etwa 5 Minuten lang weiterrühren.
- Den Kuchen mit der Glasur bestreichen und mit Kaffeebohnen belegen (in einem Abstand von 3 cm).
- Für einige Stunden in den Kühlschrank stellen, danach in Stücke schneiden (3 x 3 cm). Dabei zuerst den Schnitt markieren, einen Streifen abschneiden, dann in Würfel schneiden. Das Messer jedes Mal abwischen.

ZUTATEN

Für den Teig:
50 ml Wasser
70 g Zucker
4 Eier
60 g gemahlene Walnüsse
30 g Mehl
5 g lösliches Espressopulver

Für die Creme:
100 g gemahlene Walnüsse
100 ml Milch
100 g Zucker
100 g weiche Butter (Zimmertemperatur)

Für die Glasur:
3 EL Espresso
4 EL Zucker
2 leicht gehäufte EL Kakao
50 g Butter

Außerdem:
Kaffeebohnen

KARAMELL-WAFFELN

ZUBEREITUNG

- Die Walnüsse grob hacken.
- Eine Oblate an der kürzeren Seite durchschneiden (oder zwei Oblaten von Küchle), auf ein großes, mit Backpapier belegtes Brett legen.
- Einen Topf mit 150 g Zucker bereitstellen.
- Die Eigelbe mit 110 g Zucker und der Milch bei mittlerer Hitze unter ständigem Rühren mit dem Schneebesen zu einer Creme kochen. Warm stellen und weiterrühren.
- 150 g Zucker bei niedriger Temperatur karamellisieren, bis die gewünschte Bräune erreicht ist. Die Butterwürfel einrühren und vom Herd nehmen. Gut verrühren. Die Karamellmasse langsam in die warme Creme einrühren. Unter ständigem Rühren bei schwacher Hitze kurz aufkochen, bis die Creme homogen ist.
- Die gehackten Nüsse untermischen und die Creme gut verrühren.
- Sofort die halbe Oblate (oder die beiden kleineren Oblaten) damit bestreichen und mit der zweiten Hälfte (oder den beiden anderen kleineren Oblaten) bedecken. Die obere Oblate andrücken, mit Backpapier abdecken und mit einem Hackbrett beschweren.
- Einige Stunden ruhen lassen, danach mit einem dünnen, scharfen Messer in etwa 2 x 5 cm lange Streifen oder in Würfel (3 x 3 cm) schneiden.

ZUTATEN

4 Eigelb
110 g Zucker
4 EL Milch
150 g Zucker
150 g Butter in Würfel
150 g grob gehackte Walnüsse
1 Oblate à 20 x 30 cm
(oder 4 eckige Backoblaten von Küchle 12 x 20 cm)

UNGEBACKEN

KARAMELLISIEREN =
durch trockenes Erhitzen (Topf mit Zucker auf dem Herd) wird Zucker in Karamell verwandelt. Es entsteht eine hellgelbe bis dunkelbraune glänzende Masse mit typischen Röstaromen.

KÄTHE-SCHNITTEN

ZUBEREITUNG

Für den Teig:
- Den Backofen auf 180 °C vorheizen.
- Aus den Teigzutaten einen Teig kneten und in 3 Teile teilen (abwiegen).
- Das Backblech umdrehen und mit Backpapier belegen.
- Den ersten Teig ausrollen, auf die Teigrolle wickeln und auf dem Blechrücken etwa 10 Minuten backen. Nicht ohne nachzuschauen, die angegebene Backzeit abwarten. Der Teig sollte hell bleiben.
- Mit den anderen beiden Teigteilen gleich verfahren.
- Den dritten Teigboden noch warm in einer Schüssel zerkrümeln.

Für die Creme:
- Butter (Zimmertemperatur) mit Puderzucker schaumig rühren, Kakao, Marmelade, das fein zerkrümelte Teigblatt, den Pott-Rum und die Milch dazugeben. Alles zu einer geschmeidigen Creme mixen.
- Marmelade aufwärmen.
- Den ersten Teigboden mit 2 EL aufgewärmter Marmelade bestreichen, die Creme darüber verstreichen, mit dem zweiten Teigblatt bedecken.

Für die Glasur:
- Drei Eiweiße mit 200 g Puderzucker etwa 10 Minuten über dem Wasserbad steif schlagen. Zitronensaft hinzufügen und nochmals kurz aufschlagen. Den oberen Teigboden mit dem Eischnee bestreichen und mit fein geriebener Schokolade garnieren. Über Nacht durchziehen lassen und am nächsten Tag mit einem dünnen, scharfen, nassen Messer in Streifen (2 x 5 cm) schneiden. Zuerst einen Streifen abschneiden, diesen dann in einzelne Schnitten schneiden.

ZUTATEN

Für ein Backblech von 30 x 40 cm

Für 3 Teigblätter:
500 g Mehl
150 g Butter
200 g Zucker
3 Eigelb
1 Päckchen Backpulver
150 ml Milch

Für die Creme:
1 zerkrümeltes Teigblatt
100 g Puderzucker
100 g weiche Butter (Zimmertemperatur)
1-2 EL Kakao
2 EL Aprikosenmarmelade
3 EL Pott-Rum
100 ml Milch

Für die Glasur:
3 Eiweiß
200 g Puderzucker
½ EL Zitronensaft

Außerdem:
2 EL Aprikosenmarmelade, um die Teigblätter zu bestreichen und etwas fein geriebene Schokolade zum Dekorieren.

EINEN TAG VOR DEM SCHNEIDEN BACKEN!

ZITRONENSCHNITTEN

ZUBEREITUNG

Für den Teig:
- Den Backofen auf 180 °C vorheizen.
- Mehl auf eine Arbeitsfläche sieben, in die Mitte eine Mulde drücken und alle Zutaten in die Mulde fügen. Von der Mitte heraus einen Teig kneten und in 2 Teile teilen (abwiegen).
- Den Blechrücken mit Backpapier belegen.
- Den ersten Teig dünn ausrollen, auf die Teigrolle wickeln und auf dem Blechrücken 8 – 10 Minuten hell backen. Nicht ohne nachzuschauen, die angegebene Backzeit abwarten. Noch warm einmal quer durchschneiden.
- Mit dem zweiten Teil ebenso verfahren.

Für die Creme:
- Mehl und Zucker mit einigen Esslöffeln Milch verrühren und die restliche Milch mit der Zitronenschale zum Kochen bringen. Die Mehl-Mischung mit dem Schneebesen einrühren, kräftig umrühren und aufkochen.
- Zitronensaft hinzufügen und die Masse eventuell durch ein Sieb streichen und auskühlen lassen.
- Butter (Zimmertemperatur) mit Puderzucker verrühren und die Creme löffelweise untermixen.
- Das erste Teigblatt mit einem Drittel der Creme bestreichen, mit dem zweiten Teigblatt belegen, wieder Creme, das dritte Teigblatt darauflegen, wieder Creme und mit dem vierten Teigblatt (umgedreht, dass die glatte Seite oben ist) abdecken.

Für die Glasur:
- Puderzucker mit Zitronensaft verrühren und das letzte Teigblatt damit bestreichen.
- Den Kuchen über Nacht im Kühlschrank durchziehen lassen und am nächsten Tag in Streifen schneiden (2,5 x 5 cm).

ZUTATEN

Für ein Backblech von 30 x 40 cm

Für 4 Teigblätter:
200 g Mehl
100 g Zucker
50 g Butter
1 Ei
½ Päckchen Backpulver
1 EL saure Sahne

Für die Creme:
200 ml Milch
2 EL Mehl
1 EL Zucker
Zitronenschale und -saft
125 g Butter (Zimmertemperatur)
125 g Puderzucker

Für die Glasur:
75 g Puderzucker
2 EL Zitronensaft

EINEN TAG VOR DEM SCHNEIDEN BACKEN!

MAGDALENA-SCHNITTEN

ZUBEREITUNG

Für den Teig:
- Backofen auf 180°C vorheizen und das Backblech mit Backpapier auslegen.
- Zucker und Wasser kochen.
- Eier steif schlagen, kochendes Zuckerwasser langsam dazugeben und alles zu einer cremigen Masse schlagen (etwa 3 Minuten).
- Walnüsse und Semmelbrösel unterheben, den Teig in das Backblech streichen und 15 Minuten backen.
- Inzwischen den Puderzucker mit den Nüssen und der Sahne mischen und erwärmen.
- Den Backofen auf 150° C herunterschalten. Den Kuchen aus dem Ofen nehmen, die Zucker-Nuss-Sahne-Mischung darüber streichen und den Kuchen weitere 10 Minuten im Ofen trocknen lassen. Herausnehmen und auskühlen lassen.

Für die Glasur:
- Espresso und Zucker aufkochen und unter Rühren zwei Minuten lang kochen.
- Vom Herd nehmen, Kakao unterrühren, dann die Butter, alles gut vermischen und etwa 5 Minuten lang weiterrühren.
- Die Glasur auf den ausgekühlten Kuchen streichen und mit den halben Walnüssen belegen (im Abstand von etwa 4,5 cm).
- Den Kuchen für einige Stunden in den Kühlschrank stellen.
- Wenn die Glasur fest ist, den Kuchen mit einem dünnen, scharfen Messer in 3,5 x 3,5 cm große Würfel schneiden. Dabei zuerst die Stücke mit dem Messer markieren, danach schneiden. Das Messer immer wieder abwaschen.

ZUTATEN

Für ein Backblech von 30 x 40 cm

Für den Teig:
100 ml Wasser
8 EL Zucker
8 Eier
200 g gemahlene Walnüsse
1 EL Semmelbrösel

Für den Belag:
200 g Puderzucker
240 g gemahlene Walnüsse
200 ml Sahne

Für die Glasur:
3 EL Espresso
4 EL Zucker
2 leicht gehäufte EL Kakao
100 g Butter

Außerdem:
60 – 80 halbe Walnüsse zum Dekorieren

Diese Küchlein wurden nach der Pariser Schauspielerin Sarah Bernhardt (1844-1923) benannt.

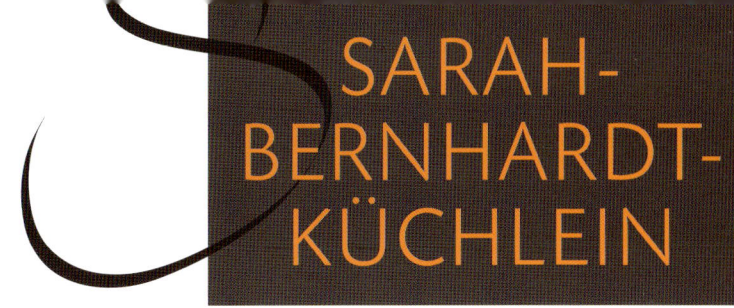

SARAH-BERNHARDT-KÜCHLEIN

ZUBEREITUNG

Für die Creme:
- Wasser in einem Topf zum Kochen bringen.
- In einem kleineren Topf die Zutaten mit dem Handmixer über dem Dampfbad 10 Minuten lang cremig schlagen.
- Vom Herd nehmen und auskühlen lassen.
- Die Butter (Zimmertemperatur) schaumig rühren und die Creme unterrühren.

Für die Baisermasse:
- Eiweiß sehr steif schlagen. Zucker einrieseln lassen und weiterschlagen.
- Nüsse und Mehl unterheben.
- Die Paste in einen Spritzbeutel füllen und etwa 100 Häufchen von etwa 4 cm Durchmesser auf die mit Backpapier ausgelegten Backbleche spritzen.
- Die Tupfenoberfläche soll leicht verlaufen und glatt sein.
- Den Backofen auf 150 °C Grad vorheizen und die Baisers etwa 15 – 20 Minuten backen. Bitte nicht ohne nachzuschauen, die angegebene Backzeit abwarten. Die Oberfläche der Küchlein soll nicht mehr klebrig, sondern trocken sein.
- Auf den Backblechen abkühlen lassen, danach mit einem Messer vom Papier lösen. Auf die flachen Seiten der Baisers einen dicken Tupfen Creme spritzen, ein zweites Baiser mit der flachen Seite daraufsetzen und leicht andrücken. Den Rand der Küchlein in den gemahlenen und gesiebten Pistazien wälzen.

Für die Glasur:
- Espresso und Zucker aufkochen und unter Rühren zwei Minuten lang kochen.
- Vom Herd nehmen, Kakao unterrühren, dann die Butter, alles gut vermischen und etwa 5 Minuten lang weiterrühren.
- Die Sarah-Bernhardt-Küchlein mit der Glasur bepinseln und kalt stellen.

ZUTATEN

Für etwa 50 Küchlein

Für die Creme:
3 Eigelb
125 g Zucker
2 gehäufte EL Kakao
2 EL Milch
100 g Butter (Zimmertemperatur)

Für die Baisermasse:
6 Eiweiß
200 g Zucker
150 g gemahlene Walnüsse
2 EL Mehl

Für die Glasur:
3 EL Espresso
4 EL Zucker
2 leicht gehäufte EL Kakao
50 g Butter

Außerdem:
gemahlene Pistazien (40 g) oder Krokant
zwei Backbleche 30 x 40 cm
Spritzbeutel mit glatter Tülle

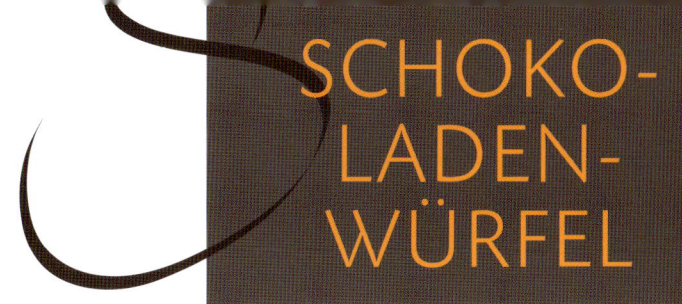

SCHOKO-LADEN-WÜRFEL

ZUBEREITUNG

Für den Teig:
- Backofen auf 180 °C vorheizen.
- Kuvertüre über dem Wasserbad schmelzen, Butter würfeln und untermischen, gut verrühren und auskühlen lassen.
- Eigelbe mit dem Zucker verrühren, Nüsse dazu, Mehl und die Kuvertüre-Butter-Mischung.
- Eiweiß steif schlagen, unterheben und den Teig in das mit Backpapier ausgelegte Backblech streichen und 15 Minuten backen.

Für die Glasur:
- Schokolade raspeln und mit der Sahne kurz aufkochen. Bei schwacher Hitze weiter kochen bis die Glasur fest wird.
- Die Glasur auf den ausgekühlten Kuchen streichen und mit den gemahlenen Walnüssen oder Mandeln dekorieren.
- In den Kühlschrank stellen.
- Den gekühlten Kuchen mit einem dünnen, scharfen Messer, das nach jedem Schneiden mit lauwarmem Wasser abgewaschen und abgetrocknet werden sollte, in Würfel schneiden (4 x 4 cm).

ZUTATEN

Für ein Backblech von 30 x 40 cm

Für den Teig:
240 g Kuvertüre
300 g Butter
300 g Zucker
8 Eigelb
300 g gemahlene Walnüsse oder Mandeln
40 g Mehl
8 Eiweiß

Für die Glasur:
200 g Vollmilch-Schokolade
200 ml Sahne

Zum Dekorieren:
gemahlene Walnüsse oder Mandeln

REGENBOGEN-SCHNITTEN

ZUBEREITUNG

Für den Mürbteig:
- Den Backofen auf 180 °C vorheizen.
- Mehl, Backpulver, Butterwürfel, Kakao und Zucker auf der Arbeitsfläche abreiben. Mit der Milch zu einem Teig verarbeiten und in zwei Teile teilen.
- Den ersten Teig dünn ausrollen, auf die Teigrolle wickeln und auf den mit Backpapier belegten Blechrücken legen.
- Den Teig 10 Minuten backen. Während der Backzeit immer mal wieder in den Ofen schauen.
- Auch den zweiten Teig dünn ausrollen, backen und zur Seite legen.

Für den Biskuitteig:
- Zucker und Wasser kochen.
- Eier schaumig schlagen, Zuckerwasser langsam hinzugeben und zu einer cremigen Masse schlagen (etwa 3 Minuten).
- Mehl unterheben.
- Das Backblech mit Backpapier auslegen, den Teig ins Blech streichen und 18 Minuten bei 180 °C backen. Gut auskühlen lassen.

Für die Creme:
- Mehl mit 6 EL Milch und dem Zucker glatt rühren.
- Die restliche Milch zum Kochen bringen, von der Kochstelle nehmen und die Mehl-Milch-Mischung einrühren. Die Masse unter ständigem Rühren nochmals aufkochen. Eventuell durch ein Sieb streichen und auskühlen lassen.
- Butter (Zimmertemperatur) schaumig rühren und die Mehl-Milch-Mischung löffelweise unterrühren.
- Das erste Blatt des Mürbteiges mit der Hälfte der Creme bestreichen, Biskuitboden darüber legen, mit der zweiten Hälfte der Creme bestreichen und mit dem zweiten Mürbteigblatt bedecken.

Für die Glasur:
- Espresso und Zucker aufkochen und unter Rühren 2 Minuten lang kochen.
- Vom Herd nehmen, Kakao unterrühren, dann die Butter, alles gut miteinander vermengen und etwa 5 Minuten lang weiterrühren.
- Die Glasur auf das letzte Mürbteigblatt streichen und über Nacht in den Kühlschrank stellen.
- Am nächsten Tag in Würfel (4 x 4 cm) schneiden.

TIPP
Mit roter und grüner Lebensmittelfarbe werden diese Schnitten ihrem Namen gerecht. Den Biskuit kann man rosa färben, indem man etwas rote Lebensmittelfarbe in den Teig mischt, und dem Mürbteig kann man grüne Lebensmittelfarbe beimischen.

ZUTATEN

Für ein Backblech von 30 x 40 cm

Für den Mürbteig:
250 g Mehl
90 g weiche Butterwürfel
2 EL Zucker
1 EL Kakao
1 Messerspitze Backpulver
75 ml Milch

Für den Biskuitteig:
5 Eier
5 EL Wasser (50 ml)
2 EL Zucker
5 EL Mehl

Für die Creme:
500 ml Milch
3 EL Mehl
6 EL Zucker
250 g Butter (Zimmertemperatur)

Für die Glasur:
3 EL Espresso
4 EL Zucker
2 leicht gehäufte EL Kakao
50 g Butter

KALTE NUSS-ROULADE

ZUBEREITUNG

Für die Creme:
- Die gekochten Eigelbe durch ein Sieb streichen und mit Puderzucker, Bourbon-Vanille, der geriebenen Zitronenschale und der Butter schaumig rühren, bis sich der Zucker gelöst hat.

Für den Teig:
- Das Eiweiß steif schlagen, Puderzucker einrieseln lassen und mit den restlichen Zutaten zu einem Teig verarbeiten. Diesen in zwei Teile teilen.
- Den ersten Teig zwischen zwei Frischhaltefolien 3 mm dünn ausrollen (etwa 20 x 30 cm)
- Die Folie abziehen und mit der Hälfte der Creme bestreichen. Eng aufrollen.
- Mit dem zweiten Teig ebenso verfahren.
- Für einige Stunden in den Kühlschrank stellen, danach in dünne Scheiben schneiden.

Die kalte Nussroulade muss unbedingt im Kühlschrank aufbewahrt werden!

ZUTATEN

Für die Creme:
3 gekochte Eigelb
120 g Puderzucker
120 g Butter (Zimmertemperatur)
Bourbon-Vanille
geriebene Zitronenschale

Für den Teig:
250 g gemahlene Walnüsse
250 g Puderzucker
1 Eiweiß
1 EL Kakao
1 EL Rum

UNGEBACKEN

ROULADE [RULAD] = frz. Purzelbaum, Rolle

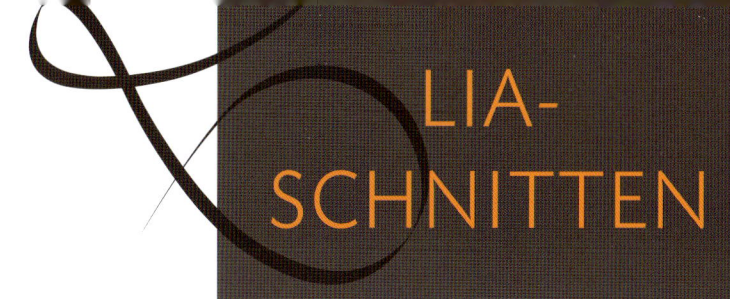

LIA-SCHNITTEN

ZUBEREITUNG

Für den Teig:
- Butter, Zucker, Honig und Ei in einem Topf verrühren und aufwärmen.
- Mehl auf die Arbeitsfläche sieben, in die Mitte eine Vertiefung drücken. Die aufgewärmte Masse sowie das in Sahne aufgelöste Backpulver hineingeben. Alle Zutaten zu einem geschmeidigen Teig kneten. Den Teig zugedeckt eine halbe Stunde bei Raumtemperatur ruhen lassen.
- Den Backofen auf 180 °C vorheizen.
- Den Teig in 2 Teile teilen.
- Den Blechrücken des Backbleches mit Backpapier belegen.
- Den ersten Teigboden auf einer bemehlten Arbeitsplatte dünn auswellen, auf die Teigrolle wickeln, dann auf das Backpapier legen und etwa 7 Minuten lang hellbraun backen. Während der Backzeit immer mal wieder in den Ofen schauen. Den Teigboden quer durchschneiden. Mit dem zweiten Teigboden ebenso verfahren.

Für die Creme:
- Milch mit Grieß kochen und auskühlen lassen.
- Puderzucker, Bourbon-Vanille und Butter so lange rühren, bis sich der Zucker gelöst hat, danach löffelweise den Grießbrei unterrühren.
- Den ersten Teigboden mit der Hälfte der Creme bestreichen.
- Mit dem zweiten Teigboden belegen, diesen mit Marmelade bestreichen, den dritten Teigboden auflegen und mit der restlichen Creme bestreichen.
- Mit dem vierten Teigboden bedecken.

Für die Glasur:
- Espresso und Zucker aufkochen und unter Rühren 2 Minuten lang kochen.
- Vom Herd nehmen, Kakao unterrühren, dann die Butter, alles gut vermischen und etwa 5 Minuten lang weiterrühren. Den Kuchen mit der Glasur bestreichen und über Nacht kühl stellen.
- Den gekühlten Kuchen mit einem dünnen, scharfen Messer in Würfel schneiden (3 x 3 cm). Zuerst einen Streifen abschneiden, diesen dann in einzelne Würfel schneiden.

ZUTATEN

Für ein Backblech von 30 x 40 cm

Für den Teig:
250 g Mehl
65 g Honig
65 g Zucker
30 g Butter
2 EL Sahne
1 Ei
1 TL Backpulver

Für die Creme:
100 ml Milch
1 gehäufter EL Grieß
50 g Puderzucker
125 g Butter (Zimmertemperatur)
Bourbon-Vanille

Für die Glasur:
3 EL Espresso
4 EL Zucker
2 leicht gehäufte EL Kakao
50 g Butter

Außerdem:
2 EL Himbeermarmelade ohne Kerne

EINEN TAG VOR DEM SCHNEIDEN BACKEN!

SPANISCHE-SCHNITTEN

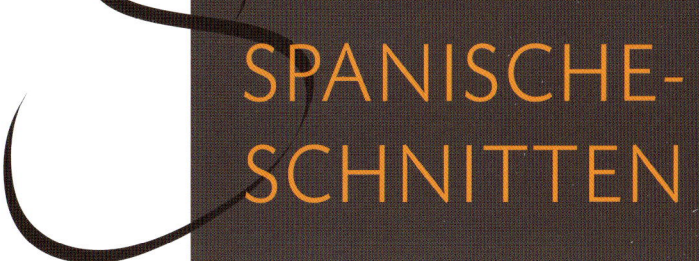

ZUBEREITUNG

Für den Honigkuchenteig:
- Butter, Zucker, Honig und Ei in einem Topf verrühren und aufwärmen.
- Mehl auf die Arbeitsfläche sieben, in die Mitte eine Vertiefung drücken. Die aufgewärmte Masse sowie das in Sahne aufgelöste Backpulver hineingeben. Alle Zutaten zu einem geschmeidigen Teig kneten.
- Den Teig zugedeckt eine halbe Stunde bei Raumtemperatur ruhen lassen.
- Den Backofen auf 180 °C vorheizen.
- Den Teig in zwei Teile teilen.
- Den Blechrücken des Backbleches mit Backpapier belegen.
- Den ersten Teigboden auf einer bemehlten Arbeitsplatte auswellen (etwa 20 x 27 cm), auf die Teigrolle wickeln, auf das Backpapier legen und etwa 7 Minuten lang hellbraun backen. Während der Backzeit immer mal wieder nachschauen. Herausnehmen und den Teig quer durchschneiden. Mit dem zweiten Teigboden ebenso verfahren.

Für die Creme:
- Milch mit Nüssen, Zucker und Zitronenschale in einem Topf zu einer steifen Masse kochen.
- In ein anderes Gefäß umfüllen und abkühlen lassen.
- Butter schaumig rühren, die Nussmasse löffelweise einrühren.
- Den ersten Teigboden mit einem Drittel der Creme bestreichen, den zweiten Teigboden auflegen, mit Creme bestreichen, den dritten Teigboden auflegen, wieder Creme darauf und den vierten Teigboden umdrehen, dass die glatte Seite oben ist und die Schichten damit abdecken.

Für die Glasur:
- Espresso und Zucker aufkochen und unter Rühren 2 Minuten lang kochen.
- Vom Herd nehmen, Kakao unterrühren, dann die Butter, alles gut vermischen und etwa 5 Minuten lang weiterrühren.
- Die Glasur auf den oberen Teigboden streichen und über Nacht in den Kühlschrank stellen.

ZUTATEN

Für ein Backblech von 30 x 40 cm

Für den Honigkuchenteig:
250 g Mehl
65 g Honig
65 g Zucker
30 g weiche Butter
1 Ei
2 EL Sahne
1 TL Backpulver

Für die Creme:
100 ml Milch
125 g gemahlene Walnüsse
125 g Zucker
geriebene Zitronenschale
125 g Butter (Zimmertemperatur)

Für die Glasur:
3 EL Wasser
4 EL Zucker
2 leicht gehaufte EL Kakao
50 g Butter

EINEN TAG VOR DEM SCHNEIDEN BACKEN!

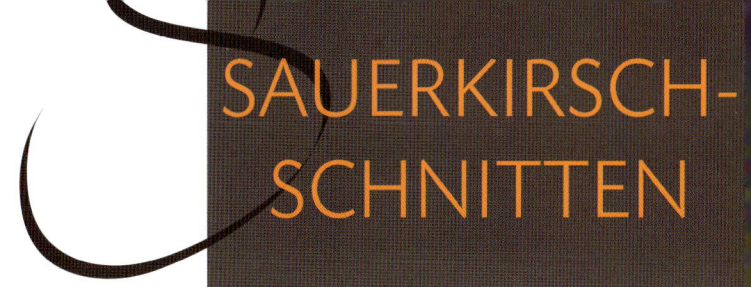

SAUERKIRSCH-SCHNITTEN

ZUBEREITUNG

Für den Teig:
- Mehl auf die Arbeitsplatte sieben, in die Mitte eine Mulde drücken.
- Butterwürfel, Zucker, Ei, geriebene Zitronenschale und in Milch aufgelöstes Backpulver in die Mulde geben und alle Zutaten von der Mitte aus zu einem Teig verarbeiten.
- Teig kalt stellen.
- Backofen auf 180 °C vorheizen.
- Den Teig ausrollen, auf die Teigrolle wickeln und auf ein mit Backpapier ausgelegtes Backblech legen.
- Mit Sauerkirschen belegen.

Für den Belag:
- Zucker und Wasser kochen.
- Eier schaumig schlagen und das kochende Zuckerwasser langsam hinzugeben. Etwa 3 Minuten lang zu einer cremigen Masse schlagen.
- Nüsse, geriebene Butterkekse, geriebene Zitronenschale und Schokolade unterheben und die Füllung auf die Sauerkirschen verteilen.
- 25 – 30 Minuten backen.
- Auskühlen lassen und mit Puderzucker bestäuben.

ZUTATEN

Für ein Backblech von 30 x 40 cm

Für den Teig:
250 g Mehl
125 g weiche Butter
120 g Zucker
1 Ei
geriebene Zitronenschale
1 EL Milch
½ TL Backpulver

Für den Belag:
350 g Sauerkirschen aus dem Glas
4 Eier
175 g Zucker
4 EL Wasser
geriebene Zitronenschale
175 gemahlene Walnüsse
50 g geriebene Butterkekse
2 EL geriebene Schokolade

KAKAO-SCHNITTEN

ZUBEREITUNG

Für den Teig:
- Backofen auf 180 °C vorheizen.
- Zucker und Wasser kochen.
- Eier schaumig rühren und das kochende Zuckerwasser langsam hinzugeben. Etwa 3 Minuten lang cremig schlagen.
- Mehl und Kakao unterheben und auf ein mit Backpapier belegtes Backblech streichen.
- 20 Minuten backen und auskühlen lassen.

Für die Creme:
- Zucker, Eigelbe und Mehl mit 4 EL Milch verrühren.
- Die restliche Milch zum Kochen bringen und die Eigelb-Mehl-Masse mit dem Schneebesen unterrühren, kurz aufkochen lassen bis die Masse homogen ist, vom Herd nehmen und auskühlen lassen.
- Butter mit Puderzucker schaumig rühren, die ausgekühlte Creme hinzufügen und den Kuchen damit bestreichen.

Für die Glasur:
- Eiweiß über dem Wasserbad steif schlagen, Puderzucker einrieseln lassen, 10 Minuten lang steif schlagen und auf die Creme streichen.

Für die Dekoration:
- Schokolade in einem Topf über dem Wasserdampf schmelzen.
- In eine Plastiktüte füllen und die vordere Ecke etwa 1 mm breit abschneiden.
- Den Kuchen mit der Schokoladensauce garnieren.

ZUTATEN

Für ein Backblech von 30 x 40 cm

Für den Teig:
5 Eier
250 g Zucker
5 EL Wasser
200 g Mehl
2 EL Kakao

Für die Creme:
150 g Zucker
5 Eigelb
5 EL Mehl
500 ml Milch
200 g Butter (Zimmertemperatur)
100 g Puderzucker

Für die Glasur:
5 Eiweiß
250 g Puderzucker

Außerdem:
50 g Schokolade zum Dekorieren

KAFFEE-SCHNITTEN

ZUBEREITUNG

Für den Teig:
- Backofen auf 180 °C vorheizen.
- Mehl mit Butter auf einer Arbeitsfläche verreiben, bis sich Brösel bilden.
- Zucker, Sahne, Ei, Bourbon-Vanille und Backpulver untermischen und zu einem geschmeidigen Teig kneten. Diesen in zwei Teile teilen.
- Die eine Hälfte auf einer bemehlten Arbeitsfläche ausrollen und auf das mit Backpapier ausgelegte Blech legen (oder auf dem Backblech ausrollen) und etwa 10 Minuten hell backen. Während der Backzeit immer mal wieder in den Ofen schauen. Ist der Teig zu weich, kann man ihn direkt auf dem Backblech ausrollen.
- Dann die zweite Teighälfte ebenso backen und auskühlen lassen.

Für die Creme:
- Mehl mit 500 ml Milch glatt rühren und durch ein Sieb geben.
- Die übrige Milch kochen. Die Mehl-Mischung mit dem Schneebesen einrühren und kurz aufkochen lassen. Eventuell die Creme durch ein Sieb streichen.
- Den Zucker in einem Topf bei mittlerer Temperatur karamellisieren.
- Den Espresso dazu gießen und kurz aufkochen, bis sich der Zucker vollständig aufgelöst hat.
- In den Mehlbrei einrühren und auskühlen lassen.
- Butter schaumig rühren und die Creme einrühren. Auf den ersten Kuchenboden streichen und mit dem zweiten (glatte Seite oben) bedecken.

Für die Glasur:
- Espresso und Zucker aufkochen und 2 Minuten lang kochen.
- Vom Herd nehmen, Butterwürfel untermischen und alles gut verrühren.
- Die Glasur auf den Kuchen streichen und den Kuchen kühl stellen.
- Am nächsten Tag in Stücke (2 x 5 cm) schneiden. Einen Streifen abschneiden, dann in einzelne Stücke schneiden.

ZUTATEN

Für ein Backblech von 30 x 40 cm

Für den Teig:
350 g Mehl
100 g Zucker
1 EL Sahne
150 g Butter
1 Ei
Bourbon-Vanille
½ Päckchen Backpulver

Für die Creme:
200 g Mehl
1 l Milch
400 g Zucker
300 ml Espresso
200 g Butter (Zimmertemperatur)

Glasur:
3 EL Espresso
4 EL Zucker
50 g Butter

VERSPIELT — Geschichte

Clara Ward, Princesso de Caraman-Chimay

Rigo Jancsi war ein ungarischer Zigeuner, der in den Pariser Restaurants Geige spielte. Dort war an einem Abend der belgische Fürst Chimay mit seiner jungen Frau, einer amerikanischen Millionärstochter, zu Gast. Die Fürstin war von Rigo so verzaubert, dass sie ihren Ehemann und ihre beiden kleinen Kinder verließ und mit Rigo durch die Welt zog... zwei Jahre lang...

Spiel- arten

In Budapest hat ein Zuckerbäcker dieses dunkle Gebäck nach dem legendären Zigeuner benannt

RIGÓ JANCSI

ZUBEREITUNG

Für den Teig:
- Den Backofen auf 200 °C vorheizen.
- Zucker und Wasser kochen.
- Eier steif schlagen, kochendes Zuckerwasser langsam hinzugeben und etwa 3 Minuten lang cremig schlagen.
- Mehl unterheben, danach das Schokoladenpulver.
- Den Teig in ein mit Backpapier belegtes Blech streichen und 10 – 13 Minuten backen. Quer durchschneiden und auskühlen lassen.

Für die Glasur:
- Espresso und Zucker aufkochen und unter Rühren 2 Minuten lang kochen.
- Vom Herd nehmen, Kakao unterheben, dann die Butter, alles gut vermischen und etwa 5 Minuten lang weiterrühren.
- Die Glasur auf einen der beiden Teigböden streichen und in Würfel schneiden (4 x 4 cm). Dabei das Messer nach jedem Schnitt mit lauwarmem Wasser abwaschen und abtrocknen.

Für die Creme:
- Einen Topf mit wenig Wasser zum Kochen bringen. In einem anderen Topf die Eier mit dem Zucker 10 Minuten lang über dem Dampf mixen und auskühlen lassen.
- Sahne steif schlagen.
- Butter, Schokoladenpulver und Rum schaumig rühren und die Eiermasse unterrühren.
- Zum Schluss die Sahne unterheben.
- Den blanken Biskuitboden mit der Creme bestreichen und die fertig geschnittenen Würfel darauf legen.
- Einige Stunden in den Kühlschrank stellen, danach in Stücke schneiden, dabei das Messer immer wieder abwaschen.

ZUTATEN

Für ein Backblech von 30 x 40 cm

Für den Teig:
4 Eier
4 EL Zucker
4 EL Wasser
2 EL Mehl
2 EL Schokoladenpulver

Für die Glasur:
4 EL Zucker
3 EL Espresso
2 leicht gehäufte EL Kakao
50 g Butter

Für die Creme:
100 g Butter
100 g Zucker
50 g Schokoladenpulver
2 Eier
400 ml Sahne
2 EL Rum

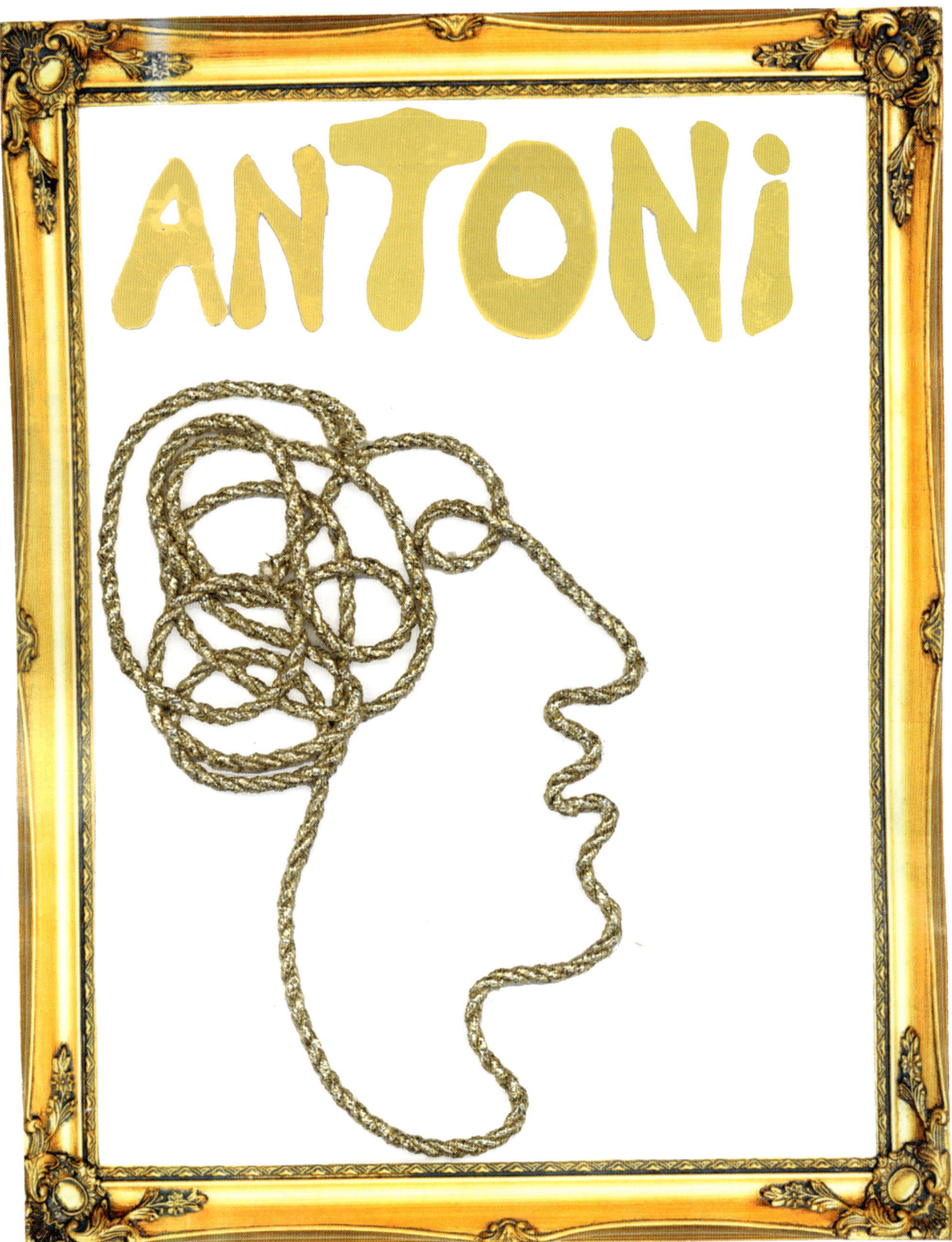

ANTONI-SCHNITTEN

ZUBEREITUNG

Für den Teig:
- Mehl auf die Arbeitsplatte sieben, Butter dazu und beides verreiben bis Brösel entstehen.
- Zucker und Eier dazugeben.
- Natron in Milch auflösen und alles zu einem geschmeidigen Teig kneten.
- Den Teig in zwei Teile teilen (etwa 285 g je Teil).
- Den Backofen auf 180 °C vorheizen.
- Die Rückseite des Bleches mit Backpapier auslegen.
- Den ersten Teig auf der bemehlten Arbeitsfläche dünn ausrollen, auf die Teigrolle wickeln und auf das Backblech legen.
- Im Ofen etwa 8 Minuten hell backen. Während der Backzeit hin und wieder nachschauen.
- Teigboden noch warm quer durchschneiden.
- Den zweiten Teil ebenso backen und durchschneiden.

Für die Creme:
- Milch mit den gemahlenen Walnüssen, dem Zucker und dem Kakao kurz aufkochen (1 – 2 Minuten) und auskühlen lassen.
- Die Butter schaumig rühren und die ausgekühlte Milch-Nuss-Kakao-Masse unterrühren.
- Drei Teigblätter damit bestreichen, das obere (glatte Seite oben) bleibt frei.
- Alles leicht andrücken.

Für die Glasur:
- Espresso und Zucker aufkochen und unter Rühren 2 Minuten lang kochen.
- Vom Herd nehmen, Kakao unterrühren, dann die Butter, alles gut vermischen und etwa 5 Minuten lang weiterrühren.
- Die Glasur auf das letzte Mürbteigblatt streichen und über Nacht in den Kühlschrank stellen.
- Am nächsten Tag den gekühlten Kuchen in Schnitten schneiden, etwa 2 x 5 cm. Dabei zuerst einen Streifen abschneiden, dann die einzelnen Schnitten.

ZUTATEN

Für ein Backblech von 30 x 40 cm

Für den Teig:
250 g Mehl
125 g Butter
100 g Zucker
1 Ei
1 TL Natron
50 ml Milch

Für die Creme:
200 g Butter (Zimmertemperatur)
120 g fein gemahlene Walnüsse
1 EL Kakao
100 g Zucker
100 ml Milch

Für die Glasur:
3 EL Espresso
4 EL Zucker
2 leicht gehäufte EL Kakao
50 g Butter

EINEN TAG VOR DEM SCHNEIDEN BACKEN!

TIPP

Man kann die Petits Fours mit verschiedenen Geschmacksrichtungen backen. Dazu mischt man lösliches Espressopulver (aufgelöst in ganz wenig heißem Wasser) in die Fondantmasse und tränkt die Biskuitböden mit Kaffeelikör. Auch der Buttercreme kann man lösliches Espressopulver beimischen (wieder aufgelöst in wenigen Tropfen heißem Wasser). Für die rosaroten Petits Fours kann man der Creme Himbeeraroma zugeben und das Fondant mit wenig roter Lebensmittelfarbe färben.

PETIT [PETI] = frz. klein
FOUR [FUR] = frz. Backofen

PETITS FOURS

ZUBEREITUNG

Für den dunklen Biskuitboden:
- Den Backofen auf 200 °C vorheizen.
- 5 EL Wasser mit 5 EL Zucker kochen.
- 5 Eier steif schlagen und das kochende Zuckerwasser langsam hinzugeben. Etwa 3 Minuten lang cremig mixen.
- 4 EL Mehl und 1 EL Kakao unterheben.
- Auf das mit Backpapier ausgelegte Kuchenblech streichen und im Backofen auf der mittleren Schiene 10 Minuten backen.

Für die zwei hellen Biskuitböden:
- 10 EL Wasser mit 10 EL Zucker kochen.
- 10 Eier steif schlagen und das kochende Zuckerwasser einnieseln lassen. Etwa 3 Minuten lang cremig mixen.
- 10 EL Mehl unterheben.
- In zwei Teile teilen. Zwei Böden backen und auskühlen lassen.
- Alle drei Böden von beiden Seiten mit dem Pott-Rum oder dem Kaffeelikör bepinseln.

Für die Buttercreme:
- Eier mit Zucker über dem Wasserdampf schlagen bis eine feste Creme entsteht (etwa 10 Minuten).
- Die Butter schaumig rühren und die Eiermasse löffelweise unterrühren.
- Kakao unterheben.
- Den hellen Biskuitboden mit der Hälfte der Creme bestreichen, mit dem dunklen Biskuitboden bedecken, mit der restlichen Creme bestreichen und mit dem hellen Boden abschließen.
- Den Kuchen für mindestens eine Stunde, besser mehrere Stunden oder über Nacht, in den Kühlschrank stellen, danach kleine viereckige Stücke schneiden (3,5 x 3,5 cm).

Für den Zuckerguss:
- Wasser für den Wasserdampf in einem Topf zum Kochen bringen.
- 1 kg Fondant in einer Schüssel über dem Wasserbad geschmeidig rühren (ein paar Tropfen Wasser zufügen). Dem Fondant den Kakao beimischen.
- Auf ein Backblech (= Auffangbehälter) ein Ofengitter oder Kuchengitter legen, einige (etwa 9) Kuchenstücke darauf legen, dann die flüssige Fondantmasse langsam und gleichmäßig über jedes Kuchenstück gießen und sofort dekorieren. Die Glasur kurz antrocknen lassen, mit einem Messer vom Kuchengitter schneiden, in die Papierförmchen legen und kühl stellen.
- Das aufgefangene Fondant aus dem Auffangbehälter auskratzen und zurück in den Fondanttopf geben und das zweite Kilogramm Fondant dazu mischen.
- Wieder so verfahren wie zu Beginn.
- Die Petits Fours im Kühlschrank aufbewahren.

ZUTATEN

Für ein Backblech von 30 x 40 cm, für etwa 56 Petit Fours

Für die drei Biskuitböden:
15 Eier
15 EL Zucker
150 ml Wasser
14 EL Mehl
1 EL Kakao

Für die Buttercreme:
5 Eier
100 g Zucker
1 – 2 EL Kakao
400 g Butter (Zimmertemperatur)

Zum Tränken:
150 ml Pott-Rum (54 %)
150 ml Kaffeelikör

Für den Zuckerguss:
Fondant etwa 2 kg, sowie Kakao oder lösliches Espressopulver oder Himbeeraroma und rote Lebensmittelfarbe

Zum Verzieren:
Espressobohnen oder gehackte Pistazienkörner oder Zuckerkügelchen

Außerdem:
Papier-Backförmchen (Ø 50 mm)

József C. Dobos war zu seiner Zeit einer der bekanntesten ungarischen Köche und Konditormeister. Die Dobos Torte wurde gegen Ende des 19. Jh. bekannt und war wegen der Buttercreme eine Sensation.

Nichts ist unmöglich.

...UND DOBOSCH SPRICHT MAN ES AUS!

EINEN TAG VOR DEM SCHNEIDEN BACKEN!

DOBOS-SCHNITTEN

ZUBEREITUNG

Für den Rührteig:
- Backofen auf 180°C vorheizen.
- Eier, Zucker und Butter mit dem Handmixer gut verrühren. Mehl und Backpulver unterziehen.
- Backblech wenden und den Rücken des Bleches mit Backpapier belegen.
- Mit der Hälfte des Teiges dünn bestreichen und etwa 8 Minuten backen. Während der Backzeit einmal in den Ofen schauen. Das Tortenblatt noch warm in der Hälfte (längere Seite) durchschneiden.
- Die zweite Teighälfte backen und ebenso durchschneiden.

Für die Creme :
- Eier und Zucker über dem Dampfbad 10 Minuten lang cremig schlagen. Vom Herd nehmen und auskühlen lassen.
- Die Schokolade im Dampfbad schmelzen und auskühlen lassen.

Für die Karamellglasur:
- Eines der Tortenblätter umdrehen, sodass die glatte Seite oben ist und die Ränder gerade schneiden.
- Den Zucker in einem Topf erwärmen, karamellisieren und immer wieder umrühren, bis er die gewünschte Farbe hat. Vom Herd ziehen und weiterrühren, bis sich der Zucker vollständig aufgelöst hat. Zitronensaft hinzufügen, damit der Zucker nicht so schnell erstarrt. Den karamellisierten Zucker über das Tortenblatt gießen.
- Noch vor dem Erstarren mit einem geölten Tafelmesser (mit geöltem Küchenpapier jedes Mal über das Messer streichen) die Dobos-Schnitten markieren. Auch den Rand. Das Messer vorsichtig über die Glasur ziehen, den Kuchen noch nicht ganz durchschneiden. Diesen Vorgang so lange wiederholen, bis der Karamellguss endgültig erstarrt ist. Eventuell die Karamellglasur mit dem elektrischen Messer schneiden.
- Auskühlen lassen.

Fertigstellung:
- Butter schaumig rühren, die Schokolade und die Eiercreme löffelweise untermischen.
- Eines der Teigblätter mit einem Drittel der Creme bestreichen, ein weiteres auflegen, es mit Creme bestreichen, mit dem dritten Teigblatt belegen und auch dieses mit Creme bestreichen.
- Mit dem vierten Teigblatt, dem mit der Karamellglasur, abdecken.
- Im Kühlschrank einige Stunden ziehen lassen, gerne auch über Nacht (nicht abdecken, da er Feuchtigkeit zieht und die Glasur klebrig wird), dann mit einem dünnen, scharfen Messer die markierten Stücke schneiden.

ZUTATEN

Für ein Backblech von 30 x 40 cm

Für den Rührteig:
3 Eier
150 g Zucker
150 g Mehl
100 g Butter
½ TL Backpulver

Für die Creme:
3 Eier
50 g Zucker
50 g dunkle Schokolade (60% Kakaoanteil)
50 g Vollmilchschokolade
150 g weiche Butter (Zimmertemperatur)

Für die Karamellglasur:
200 g Zucker
½ EL Zitronensaft

EISENBAHNERSCHNITTEN

ZUBEREITUNG

Für den Mürbteig:
- Eigelbe, Zucker und Butter mit dem Handmixer gut verrühren.
- Mehl und Zitronenschale untermischen und auf einer bemehlten Arbeitsfläche einen geschmeidigen Teig kneten.
- Auswellen, auf die Teigrolle wickeln und in das mit Backpapier ausgelegte Backblech legen.

Für den Belag:
- Backofen auf 180 °C vorheizen.
- Zucker und Eigelbe schaumig rühren und die Walnüsse untermischen.
- Eiweiß zu festem Schnee schlagen, unter die Nuss-Masse heben und auf den Mürbteig streichen.
- 15 Minuten backen. Auskühlen lassen und mit Puderzucker bestreuen.

ZUTATEN

Für ein Backblech von 30 x 40 cm

Für den Mürbteig:
150 g Butter
4 Eigelb
280 g Mehl
150 g Zucker
geriebene Schale einer unbehandelten Zitrone

Für den Belag:
150 g Zucker
4 Eigelb
140 g gemahlene Walnüsse
8 Eiweiß

TIPP
Die Schnitten schmecken am besten ofenwarm.

MIMOSEN-SCHNITTEN

ZUBEREITUNG

Für den Teig:
- Mehl und Butter auf der Arbeitsfläche verreiben bis sich Brösel bilden.
- Zucker, Ei, Backpulver und Sahne hinzufügen und zu einem geschmeidigen Teig kneten.
- Den Teig in vier Teile teilen.
- Backofen auf 180 °C vorheizen.
- Den ersten Teil ausrollen, auf die Teigrolle wickeln und auf ein mit Backpapier ausgelegtes Backblech legen und mit Marmelade bestreichen.
- Den zweiten Teil ausrollen und das erste Teigblatt damit bedecken.
- Im Backofen etwa 10 Minuten lang backen. Herausnehmen und auskühlen lassen.
- Mit dem dritten und vierten Teil ebenso verfahren: Dritten Teig ausrollen, ins Backblech legen, mit Marmelade bestreichen, mit dem vierten ausgerollten Teil bedecken und backen. Auskühlen lassen.

Für die Creme:
- Mehl, Zucker, Bourbon-Vanille mit 6 EL Milch glatt rühren. Übrige Milch aufkochen, von der Kochstelle nehmen und angerührtes Mehl mit dem Schneebesen einrühren. Unter Rühren nochmals aufkochen und abkühlen lassen.
- Butter schaumig rühren und die Creme langsam unterrühren. Kühl stellen und inzwischen die Glasur zubereiten.

Für die Glasur:
- Espresso und Zucker aufkochen und unter Rühren 2 Minuten lang kochen.
- Vom Herd nehmen, Kakao unterrühren, dann die Butter, alles gut vermischen und etwa 5 Minuten lang weiterrühren.

Fertigstellung:
- Den ersten Boden mit der Creme bestreichen und mit dem zweiten Boden bedecken.
- Die Glasur auf den oberen Teigboden streichen und über Nacht in den Kühlschrank stellen.
- Am nächsten Tag in Würfel schneiden (3 x 3 cm). Dabei einen Streifen abschneiden, diesen dann in einzelne Würfel schneiden.

ZUTATEN

Für ein Backblech von 30 x 40 cm

Für den Teig:
350 g Mehl
150 g Butter
120 g Zucker
1 Ei
½ Päckchen Backpulver
3 EL Sahne

Für die Creme:
400 ml Milch
4 EL Mehl
4 EL Zucker
Bourbon-Vanille
375 g Butter (Zimmertemperatur)

Für die Glasur:
8 EL Zucker
6 EL Espresso
20 g Kakao
100 g Butter

Außerdem:
aufgewärmte Marmelade zum Bestreichen

EINEN TAG VOR DEM SCHNEIDEN BACKEN!

TIPP
Statt Glasur kann man die Schnitten auch mit Puderzucker bestäuben.

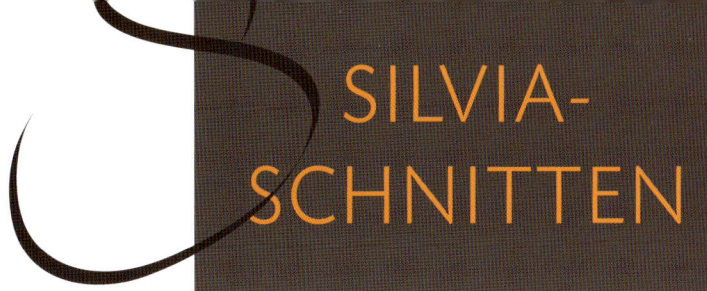

SILVIA-SCHNITTEN

ZUBEREITUNG

Für den Teig:
- Backofen auf 180 °C vorheizen.
- Butter mit Zucker schaumig rühren.
- Mehl mit Backpulver mischen und zusammen mit den Nüssen und der geriebenen Zitronenschale unterheben.
- Eiweiß steif schlagen und ebenfalls unterheben.
- Den Teig in das mit Backpapier ausgelegte Blech streichen und 15 Minuten backen.
- In der Zwischenzeit die Eigelbe mit 100 g Zucker schaumig rühren. Auf den heißen Kuchen streichen und nochmals für weitere 5 Minuten in den Ofen schieben.
- Auskühlen lassen.

Für die Creme:
- Butter mit Zucker schaumig rühren, Nüsse und Rum einrühren und auf den Kuchen streichen.
- Mit geriebener Schokolade garnieren und in Schnitten (3 x 3 cm) schneiden.

ZUTATEN

Für ein Backblech von 30 x 40 cm

Für den Teig:
200 g Butter
200 g Zucker
6 Eiweiß
geriebene Zitronenschale
200 g gemahlene Nüsse
½ Päckchen Backpulver
100 g Mehl

Für die Creme:
100 g Butter
100 g Puderzucker
50 g gemahlene Nüsse
3 EL Rum

Zum Garnieren:
geriebene Schokolade
4 Eigelb
100 g Zucker

SCHNEEWITTCHEN-SCHNITTEN

ZUBEREITUNG

Für den Teig:
- Backofen auf 180 °C vorheizen.
- Mehl, Backpulver auf die Arbeitsfläche sieben, Zucker, Eigelbe, Joghurt, Essig, Wasser und Öl hinzugeben, und alles zu einem geschmeidigen Teig kneten. Ist der Teig zu bröselig, noch etwas Milch oder Joghurt zufügen.
- Den Teig in drei Teile teilen (etwa je 175 g). Den ersten Teil dünn ausrollen, über die Teigrolle wickeln und auf den mit Backpapier belegten Blechrücken legen. Den Teig mit einer Gabel mehrmals einstechen und etwa 7 Minuten hell backen. Während der Backzeit den Boden im Auge haben.
- Den zweiten und dritten Teig ebenfalls dünn ausrollen und hell backen.

Für die Creme:
- Eiweiß steif schlagen, Zucker einrieseln lassen und weiterschlagen.
- Zitronensaft und Mehl unterheben.
- Die Milch kochen, vom Herd nehmen und die Eiweißmasse mit dem Schneebesen langsam in die Milch einrühren.
- Alles gut verrühren und noch einmal kurz aufkochen.
- In ein anderes Gefäß füllen und auskühlen lassen.
- Butter (Zimmertemperatur) schaumig rühren. Die Milch-Eiweiß-Masse langsam unterziehen.
- Kühl stellen und inzwischen die Glasur zubereiten.

Für die Glasur:
- Espresso und Zucker aufkochen und unter Rühren 2 Minuten lang kochen.
- Vom Herd nehmen. Kakao unterrühren, dann die Butter, alles gut vermischen und etwa 5 Minuten lang weiterrühren.

Fertigstellung:
- Das erste Teigblatt mit der Hälfte der Creme bestreichen, mit dem zweiten Teigblatt belegen, die restliche Creme daraufstreichen und mit dem dritten Teigblatt (glatte Seite oben) bedecken.
- Das dritte Teigblatt mit der Glasur bestreichen.
- Kühl stellen und am nächsten Tag in Würfel (3 x 3 cm) schneiden. Zuerst einen Streifen abschneiden, diesen dann in einzelne Stücke schneiden.

ZUTATEN

Für ein Backblech von 30 x 40 cm

Für den Teig:
300 g Mehl
2 TL Backpulver
2 EL Zucker
2 Eigelb
1 EL Essig
3 EL Wasser
4 EL Öl
3 - 4 EL Joghurt

Für die Creme:
150 ml Milch
2 Eiweiß
150 g Zucker
1 EL Zitronensaft
3 EL Mehl
150 g Butter (Zimmertemperatur)

Für die Glasur:
4 EL Zucker
3 EL Espresso
2 leicht gehäufte EL Kakao
50 g Butter

EINEN TAG VOR DEM SCHNEIDEN BACKEN!

GERMAN-SCHNITTEN

ZUBEREITUNG

Für den Teig:
- Backofen auf 180 °C vorheizen.
- Mehl mit Backpulver, Zucker und Butter reiben, bis sich Brösel bilden.
- Eigelb und Sahne untermischen und zu einem geschmeidigen Teig kneten. Falls der Teig zu krümelig ist, noch etwas Sahne hinzufügen.
- Den Teig in drei Teile teilen. Den ersten Teil dünn ausrollen, auf die Teigrolle wickeln und auf den Blechrücken eines mit Backpapier ausgelegten Backbleches legen und 7 Minuten hell backen. Während der Backzeit immer mal wieder in den Ofen schauen.
- Mit den anderen beiden Teilen ebenso verfahren.

Für die Creme:
- Eier und Puderzucker über dem Wasserdampf 10 Minuten lang cremig schlagen.
- Die Butter (Zimmertemperatur) schaumig schlagen und die Eiermasse untermischen. Bourbon-Vanille hinzufügen.
- Kühl stellen und die Glasur zubereiten.

Für die Glasur:
- Espresso und Zucker aufkochen und 2 Minuten lang kochen. Vom Herd nehmen, Butterwürfel dazugeben und alles gut verrühren.

Fertigstellung:
- Die Hälfte der Creme auf das untere Teigblatt streichen, mit dem zweiten Teigblatt bedecken, die restliche Creme darüber streichen und mit dem dritten Teigblatt bedecken. Dieses mit der Glasur bestreichen und am nächsten Tag in Schnitten (2 x 5 cm) schneiden. Zuerst einen Streifen abschneiden und diesen dann in einzelne Stücke schneiden.

ZUTATEN

Für ein Backblech von 30 x 40 cm

Für den Teig:
500 g Mehl
200 g Butter
3 EL Zucker
1 Eigelb
130 ml Sahne
1 Päckchen Backpulver

Für die Creme:
5 Eier
12 EL Puderzucker
200 g Butter (Zimmertemperatur)
Bourbon-Vanille

Für die Glasur:
4 EL Zucker
3 EL Espresso
50 g Butter

EINEN TAG VOR DEM SCHNEIDEN BACKEN!

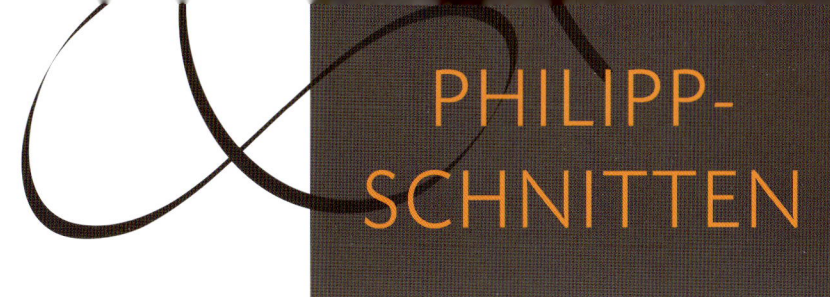

PHILIPP-SCHNITTEN

ZUBEREITUNG

Für den Teig:
- Backofen auf 180 °C vorheizen.
- Zucker mit den Eigelben und der Sahne schaumig rühren.
- Nüsse, Kakao und Mehl unterheben.
- Eiweiß steif schlagen und unterziehen.
- In ein mit Backpapier ausgelegtes Blech streichen und 15 Minuten backen. Auskühlen lassen.

Für die Glasur:
- Espresso und Zucker aufkochen und unter Rühren 2 Minuten lang kochen.
- Vom Herd nehmen. Kakao unterrühren, dann die Butter, alles gut vermischen und etwa 5 Minuten lang weiterrühren.
- Die Glasur auf den Kuchen streichen und im Kühlschrank fest werden lassen.
- Mit einem dünnen scharfen Messer, das nach jedem Schneiden mit lauwarmem Wasser abgewaschen und getrocknet wird, den Kuchen in Würfel schneiden (3 x 3 cm). Dabei zuerst einen Streifen abschneiden, diesen dann in einzelne Würfel.

ZUTATEN

Für ein Backblech von 30 x 40 cm

Für den Teig:
300 g Zucker
8 Eigelb
6 EL Sahne
100 g Nüsse
20 g Kakao
250 g Mehl
8 Eiweiß

Für die Glasur:
6 EL Espresso
8 EL Zucker
20 g Kakao
100 g Butter

BERLINER-SCHNITTEN

ZUBEREITUNG

Für den Mürbteig:
- Mehl mit Backpulver mischen und zusammen mit der Butter reiben, bis sich Brösel bilden.
- Zucker, Zitronensaft und Ei untermengen und zu einem Teig kneten. Der Teig muss geschmeidig sein, daher noch Sahne oder Milch hinzufügen, falls dieser zu trocken ist.
- Den Teig ausrollen, auf die Teigrolle wickeln und in das mit Backpapier ausgelegte Backblech legen.

Für die Creme:
- Zucker mit Nüssen und der Sahne verrühren und auf den Mürbteig streichen.
- Backofen auf 180 °C vorheizen.

Für den Biskuit:
- Zucker und Wasser kochen.
- Eier schaumig rühren und das Zuckerwasser langsam hinzugeben. Etwa 3 Minuten lang cremig mixen. Das Mehl unterheben und die Biskuitmasse auf die Creme verteilen.
- Im Backofen 15 – 20 Minuten backen. Auskühlen lassen und mit Puderzucker bestäuben.
- Einige Stunden kühl stellen, danach in Schnitten (2 x 5 cm) schneiden. Einen Streifen abschneiden, diesen dann in einzelne Stücke schneiden.

ZUTATEN

Für ein Backblech von 30 x 40 cm

Für den Mürbteig:
250 g Mehl
½ Päckchen Backpulver
150 g weiche Butter
80 g Zucker
Saft einer halben Zitrone
1 Ei
Sahne oder Milch

Für die Creme:
200 g gemahlene Nüsse
200 g Zucker
200 ml Sahne

Für den Biskuit:
4 Eier
4 EL Zucker
4 EL Wasser
4 EL Mehl

Außerdem:
Puderzucker zum Bestäuben oder Glasur

BUTTER-ROSEN

ZUBEREITUNG

Für den Teig:
- Die Hefe in der lauwarmen Milch und dem Zucker auflösen.
- Mehl auf die Arbeitsfläche sieben, in die Mitte eine Mulde drücken, Butterwürfel dazugeben und abbröseln. Eigelbe und die in Milch aufgelöste Hefe hinzufügen und einen geschmeidigen Teig kneten. Diesen 30 Minuten gehen lassen.

Für die Füllung:
- Eiweiß zu festem Schnee schlagen.
- Zucker einrieseln lassen und weiter mixen.
- Die Nüsse unterheben.

Fertigstellung:
- Backofen auf 180 °C Umluft vorheizen.
- Den Teig dünn ausrollen und einmal längs durchschneiden, dass er in der Breite 10 – 12 cm misst.
- Die erste Hälfte mit der Hälfte der Füllung bestreichen und eng aufrollen. Davon 1 cm breite Scheiben abschneiden. Dabei das Messer jedes Mal mit lauwarmem Wasser abwaschen und abtrocknen, die Butterrose auf das mit Backpapier ausgelegte Backblech legen und noch leicht formen.
- Auch mit der zweiten Teighälfte so verfahren.
- Die Butterrosen 12 Minuten lang backen. Während der Backzeit nachschauen, dass die Butterrosen nicht zu dunkel werden.
- Mit Puderzucker bestäuben.

ZUTATEN

Für den Teig:
150 g Mehl
75 g Butter
2 Eigelb
½ Päckchen Trockenhefe
½ EL Zucker
3 EL lauwarme Milch

Für die Füllung:
125 g gemahlene Walnüsse
125 g Zucker
2 Eiweiß

SCHMECKEN OFENWARM AM BESTEN

ESTERHÁZY-SCHNITTEN

ZUBEREITUNG

Für die Baiserblätter:
- Backofen auf 180 °C vorheizen.
- Eiweiß steif schlagen, Zucker einrieseln lassen und zu festem Schnee schlagen.
- Nüsse unterheben und die Hälfte des Teiges auf das mit Backpapier ausgelegte Blech streichen und 7 – 8 Minuten hell backen.
- Mit der restlichen Masse ebenso verfahren. Auskühlen lassen, das Backpapier eventuell von der Rückseite befeuchten und vorsichtig abziehen. Beide einmal quer durchschneiden.

Für die Creme:
- Die Nüsse in einer Pfanne rösten, danach mahlen und auskühlen lassen.
- 200 ml Milch mit dem Zucker aufkochen. Die restliche Milch mit dem Mehl, der Bourbon-Vanille und dem Eigelb verrühren, in die kochende Milch einrühren und kurz aufkochen. Durch ein Sieb streichen und auskühlen lassen.
- Die Butter schaumig rühren und die Vanillecreme nach und nach untermischen.
- Die Nüsse unter die Creme mischen.
- Vier Baiserblätter damit bestreichen, das obere bleibt frei.

Für die Glasur:
- Puderzucker mit Rum und ein paar Tropfen Wasser gut verrühren und auf das obere Blatt streichen. Den Kuchen kühl stellen, danach in kleine Stücke (3 x 3 oder 2 x 2 cm) schneiden.

ZUTATEN

Für ein Backblech von 30 x 40 cm

Für die Baiserblätter:
7 Eiweiß
210 g Zucker
210 g gemahlene Walnüsse oder Haselnüsse

Für die Creme:
70 g Walnüsse oder Haselnüsse
250 ml Milch
100 g Zucker
25 g Mehl
Bourbon-Vanille
1 Eigelb
200 g Butter

Für die Glasur:
Puderzucker (4 EL), Rum, Wasser

EINEN TAG VOR DEM SCHNEIDEN BACKEN!

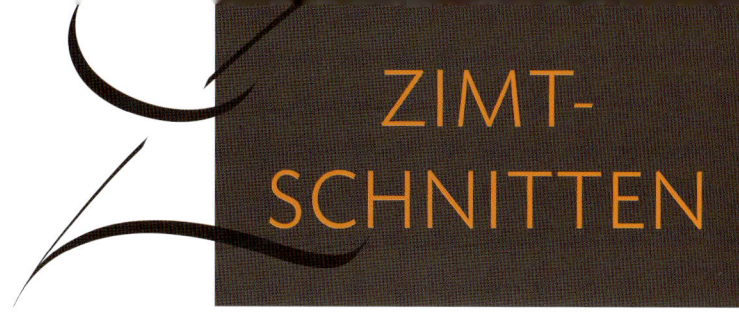

ZIMT-SCHNITTEN

ZUBEREITUNG

Für den Teig:
- Den Backofen auf 180 °C vorheizen.
- Eier mit Zucker schaumig rühren.
- Wasser hinzufügen und weiterrühren, Öl dazugeben und weiterrühren.
- Das gesiebte Mehl, Backpulver und Zimt mischen und unterheben.
- Den Teig in das mit Backpapier ausgelegte Blech streichen.
- Die Kirschen in einem Sieb abtropfen lassen und auf den Teig legen.
- Den Kuchen etwa 25 Minuten lang backen und auskühlen lassen.
- Sahne mit Sahnesteif und 2 EL Puderzucker steif schlagen und den ausgekühlten Kuchen damit bestreichen.
- Eventuell mit Kakao bestäuben und in Würfel (5 x 5 cm) schneiden.

ZUTATEN

Für ein Backblech von 30 x 40 cm

Für den Teig:
6 Eier
20 EL Zucker
20 EL Wasser
20 EL Sonnenblumenöl
30 EL Mehl
2 TL Backpulver
2 EL Zimt

Außerdem:
2 Gläser Schattenmorellen
500 ml Sahne
2 Päckchen Sahnesteif
2 EL Puderzucker

RUMBA-SCHNITTEN

ZUBEREITUNG

Für den Teig:
- Mehl, Backpulver, Butter und Zucker auf einer Arbeitsfläche reiben bis Brösel entstehen.
- Eigelbe untermischen und mit geölten Händen zu einem geschmeidigen Teig kneten. Den Teig am besten über Nacht in den Kühlschrank stellen.
- Backofen auf 180 °C vorheizen.
- Den Teig in drei Teile teilen (abwiegen).
- Den ersten Teil zwischen zwei Frischhaltefolien dünn ausrollen. Die obere Folien abziehen, den Teig mit der zweiten Folie oben auf den mit Backpapier ausgelegten Blechrücken legen. Die obere Folie abziehen und den Teig mit einer Gabel einstechen. Etwa 7 – 8 Minuten backen.
- Den zweiten Teil ebenso backen.
- In den dritten Teil, der hinterher der mittlere Teil wird, einen Esslöffel gesiebtes Kakaopulver hinzufügen, gut durchkneten und etwa 7 Minuten backen.

Für die Creme:
- Milch, Zucker und Nüsse 1 – 2 Minuten lang aufkochen und von der Kochstelle nehmen. Rum einrühren und auskühlen lassen.
- Ein helles Teigblatt mit der Hälfte der Creme bestreichen, mit dem dunklen Teigblatt bedecken, die restliche Creme aufstreichen und mit dem zweiten hellen Teigblatt (glatte Seite oben) abdecken.

Für die Glasur:
- Espresso und Zucker aufkochen und 2 Minuten lang kochen.
- Vom Herd nehmen. Kakao dazu, dann die Butterwürfel und alles gut verrühren.
- Die Glasur auf den Kuchen streichen und kühl stellen.
- Am nächsten Tag den Kuchen in feine Würfel schneiden (3 x 3 cm): Einen Streifen abschneiden, diesen dann in einzelne Würfel schneiden.

ZUTATEN

Für ein Backblech von 30 x 40 cm

Für den Teig:
150 g Zucker
150 g Butter
200 g Mehl
1 TL Backpulver
4 Eigelb
1 EL Kakao

Für die Creme:
200 g gemahlene Walnüsse
3 EL Rum
150 g Zucker
50 ml Milch

Für die Glasur:
4 EL Zucker
3 EL Espresso
2 leicht gehäufte EL Kakao
50 g Butter

EINEN TAG VOR DEM SCHNEIDEN BACKEN!

RADIO-SCHNITTEN

ZUBEREITUNG

Für den Teig:
- Backofen auf 180 °C vorheizen.
- Mehl und Butter auf der Arbeitsfläche abbröseln.
- Ei und Zucker sowie das in Milch aufgelöste Backpulver dazugeben.
- Alles zu einem geschmeidigen Teig kneten und in zwei Teile teilen (ca. 170 g je Teil).
- Den ersten Teig dünn ausrollen, auf die Teigrolle wickeln und auf den mit Backpapier ausgelegten Blechrücken legen. Etwa 7 Minuten backen. Noch warm einmal quer durchschneiden (kurze Seite).
- Mit dem zweiten Teil ebenso verfahren.

Für die Creme:
- Zucker karamellisieren (den Zucker in einem Topf langsam bräunen bis er bernsteinfarben ist) und mit dem Espresso ablöschen. Weiterrühren und zur Seite stellen.
- Mehl mit 6 EL Milch verrühren.
- Die restliche Milch zum Kochen bringen und die Mehlmischung mit dem Schneebesen einrühren. Gut verrühren und aufkochen.
- Die Karamell-Kaffee-Mischung unterrühren und durch ein Sieb streichen. Die Creme in einen anderen Topf umfüllen und auskühlen lassen.
- Butter verrühren und die Creme untermischen.

Für die Glasur:
- Espresso und Zucker aufkochen und 2 Minuten lang kochen.
- Vom Herd nehmen und die Butter unterrühren. Alles gut verrühren.
- Die Glasur auf den Kuchen streichen und kühl stellen.
- Am nächsten Tag in Stücke (2 x 5 cm) schneiden. Einen Streifen markieren, diesen dann abschneiden und in einzelne Stücke schneiden.

ZUTATEN

Für ein Backblech von 30 x 40 cm

Für den Teig:
170 g Mehl
70 g Butter
1 Ei
40 g Zucker
1 TL Backpulver
30 ml Milch

Für die Creme:
6 EL Zucker
30 ml Espresso
150 ml Milch
2 EL Mehl
80 g Butter

Für die Karamellglasur:
4 EL Zucker
3 EL Espresso
50 g Butter

EINEN TAG VOR DEM SCHNEIDEN BACKEN!

KEKSROLLE

ZUBEREITUNG

- Die Butterkekse in einem Gefrierbeutel mit der Teigrolle fein zerkrümeln.
- Eigelbe mit Puderzucker zu einer schaumigen Creme schlagen, Butter und Kakao unterziehen und weiterrühren.
- Die Eigelbmasse unter die Butterkekskrümel mischen.
- Eiweiß steif schlagen und unterheben.
- Alles zusammen zu einer geschmeidigen Masse kneten und in drei Teile teilen.
- Mit feuchten Händen jeden Teil zu einer Rolle formen, in Alufolie wickeln und einige Stunden einfrieren.
- Danach in dünne Scheiben schneiden.

ZUTATEN

400 g Butterkekse
2 Eiweiß
2 Eigelb
250 g Butter
100 g Puderzucker
3 EL Kakao

UNGEBACKEN

TIPP

Keksrollen kann man immer im Tiefkuhlfach bereit haben, sie sind ideal für unangemeldete Gäste. Nach kurzer Auftauzeit kann man sie schon servieren.

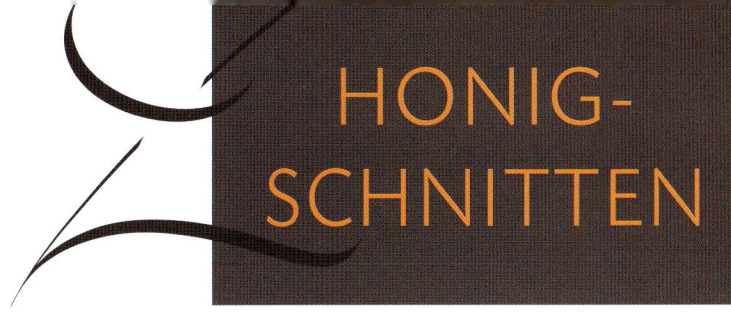

HONIG-SCHNITTEN

ZUBEREITUNG

Für den Teig:

- Honig, Butter, Zucker, Milch und Ei in einem Topf unter ständigem Rühren aufwärmen, bis die Butter geschmolzen ist.
- Natron hinzufügen, weiterrühren und köcheln lassen bis die Masse schäumt und bernsteinbraun ist. Das dauert etwa 3 Minuten. Dann von der Kochstelle nehmen.
- Mehl in eine Schüssel sieben. In die Mitte eine Mulde drücken und die Honigmasse eingießen. Von der Mitte aus zu einem Teig rühren, danach auf der bemehlten Arbeitsfläche weiterkneten und zwei gleichgroße Kugeln formen (abwiegen, etwa 213 g je Kugel). Die Kugeln zugedeckt eine halbe Stunde ruhen lassen.
- Den Backofen auf 180 °C vorwärmen.
- Die erste Kugel dünn ausrollen (ca. 23 x 30 cm), auf einen mit Backpapier ausgelegten Blechrücken legen und 8 – 9 Minuten braun backen. Während der Backzeit den Kuchen im Auge haben. Herausnehmen und sofort einmal quer durchschneiden.
- Den zweiten Teig ebenso backen, durchschneiden und auskühlen lassen. Die vier Teile sind ausgekühlt steinhart.

Für die Creme:

- Milch, Zucker und Bourbon-Vanille zum Kochen bringen. Grieß einrühren, aufkochen und auskühlen lassen.
- Butter schaumig mixen und den ausgekühlten Grießbrei löffelweise unterrühren.
- Den ersten Teigboden mit einem Drittel der Creme bestreichen, den zweiten Teigboden auflegen, wieder Creme darüber, dritten Teigboden darüberlegen, wieder Creme daraufstreichen und oben deckt der vierte Teigboden alles ab. Kühl stellen.
- Am nächsten Tag in Stücke schneiden. Dabei immer einen Streifen abschneiden, diesen dann in einzelne Stückchen (2x4 cm).

ZUTATEN

Für ein Backblech von 30 x 40 cm

Für den Honigteig:
125 g flüssigen Blütenhonig
20 g Butter
1 TL Natron
75 g Zucker
1 Ei
2 EL Milch
225 g Mehl

Für die Creme:
200 ml Milch
2 gehäufte EL Grieß
2 EL Zucker
Bourbon-Vanille
125 g Butter

EINEN TAG VOR DEM SCHNEIDEN BACKEN!

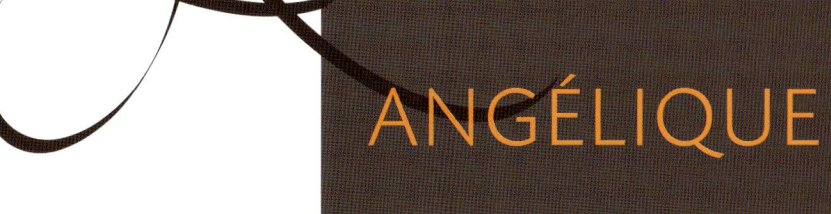

ANGÉLIQUE

ZUBEREITUNG

Für den Teig:
- Backofen auf 180 °C vorwärmen.
- Eiweiß steif schlagen, nach und nach den Zucker einrieseln lassen.
- Eigelbe unterheben, danach die Nüsse, Mehl und Backpulver dazugeben.
- Den Teig in ein mit Backpapier ausgelegtes Blech streichen und 20 Minuten backen.
- Auskühlen lassen.

Für die Creme:
- Eigelbe mit Zucker, Kakao und Milch verrühren und bei schwacher Hitze aufkochen und 3 Minuten unter Rühren kochen. Von der Kochstelle nehmen, durch ein Sieb streichen und auskühlen lassen.
- Die Butter schaumig rühren und die Creme löffelweise unterrühren.
- Die gerösteten und gehackten Nüsse untermischen, und die Creme auf den ausgekühlten Kuchen streichen. In den Kühlschrank stellen.

Für die Glasur:
- Espresso und Zucker aufkochen und unter Rühren 2 Minuten lang kochen.
- Vom Herd nehmen. Kakao unterrühren, dann die Butter, alles gut vermischen und etwa 5 Minuten lang weiterrühren. Die Glasur auf den Kuchen streichen und kühl stellen.
- Mit einem dünnen scharfen Messer, das nach jedem Schneiden abgewischt wird, in Würfel schneiden (4 x 4 cm). Dabei zuerst einen Streifen abschneiden, diesen dann in Würfel schneiden. Mit einer Zuckerperle dekorieren.

ZUTATEN

Für ein Backblech von 30 x 40 cm

Für den Teig:
6 Eiweiß
160 g Zucker
4 Eigelb
160 g Nüsse geröstet und gemahlen
3 EL Mehl
1 TL Backpulver

Für die Creme:
2 Eigelb
2 EL Kakao
100 ml Milch
200 g Zucker
200 g Butter
100 g Nüsse geröstet und gehackt

Für die Glasur:
6 EL Espresso
8 EL Zucker
20 g Kakao
100 g Butter

Außerdem:
Silberne Zuckerkugelchen zum Verzieren

INDIANER-SCHNITTEN

ZUBEREITUNG

Für den Teig:
- Backofen auf 180 °C vorheizen.
- Butter und Zucker schaumig rühren.
- Nüsse, Mehl und Backpulver unterheben.
- Eiweiß zu steifem Schnee schlagen und ebenfalls unterheben.
- Auf ein mit Backpapier belegtes Blech streichen und 15 Minuten backen.

Für die Glasur:
- Eigelbe mit Zucker sehr cremig rühren und auf den heißen Kuchen im Backofen streichen.
- Die Backofentemperatur auf 150 °C herunterschalten und weitere 10 Minuten backen.
- Wenn der Kuchen ausgekühlt ist, die Schokoladenglasur nach Packungsanleitung vorbereiten und auf den Kuchen träufeln.
- Den Kuchen in 2 x 5 cm große Schnitten schneiden. Zuerst einen Streifen abschneiden, diesen dann in einzelne Stücke schneiden.

ZUTATEN

Für ein Backblech von 30 x 40 cm

Für den Teig:
210 g Butter
210 g Zucker
210 g Nüsse
100 g Mehl
½ TL Backpulver
6 Eiweiß

Für die Eigelbglasur:
150 g Zucker
6 Eigelb

Außerdem:
50 g Schokoladenglasur

KONDITOR-SCHNITTEN

ZUBEREITUNG

Für den Teig:
- Backofen auf 180 °C vorheizen.
- Wasser und Zucker kochen.
- Eier cremig schlagen, das kochende Zuckerwasser langsam hinzugeben und etwa 3 Minuten lang cremig mixen.
- Mehl, Walnüsse und Kakao untermischen.
- Den Teig in das mit Backpapier ausgelegte Blech streichen und etwa 12 Minuten lang backen. Auskühlen lassen, Backpapier abziehen und den Kuchen einmal quer durchschneiden.

Für die Creme:
- Die Eier mit dem Zucker bei niedriger Temperatur und unter ständigem Rühren mit dem Schneebesen zum Kochen bringen und etwa 2 Minuten lang kochen lassen. Vom Herd nehmen und Kakao und Walnüsse unterrühren. Auskühlen lassen.
- Butter schaumig rühren, die Creme unterrühren und den einen Teigboden damit bestreichen.
- Mit dem zweiten Boden abdecken.

Für die Glasur:
- Espresso und Zucker aufkochen und 2 Minuten lang kochen.
- Vom Herd nehmen. Kakao dazu, dann die Butterwürfel und alles gut verrühren.
- Die Glasur auf den Kuchen streichen und für zwei Stunden kühl stellen.
- Danach in feine Würfel schneiden (3 x 3 cm): Einen Streifen abschneiden, diesen dann in einzelne Würfel schneiden. Das Messer nach jedem Schnitt abspülen.

ZUTATEN

Für ein Backblech von 30 x 40 cm

Für den Teig:
4 Eier
70 g Zucker
50 ml Wasser
50 g Mehl
15 g gemahlene Walnüsse
1 EL Kakao

Für die Creme:
2 Eier
120 g Zucker
1 EL Kakao
50 g gemahlene Walnüsse
200 g Butter

Für die Glasur:
4 EL Zucker
3 EL Espresso
2 leicht gehäufte EL Kakao
50 g Butter

COCO-SALAMI

ZUBEREITUNG

- Zucker, Nüsse, Kakao und Milch etwa 4 – 5 Minuten lang kochen, bis die Masse fester wird.
- Leicht auskühlen lassen und in Alufolie eingepackt eine Stange formen.
- Einfrieren, kurz vor dem Verzehr herausnehmen und in Scheiben schneiden.

ZUTATEN

120 g Zucker
60 g gemahlene Walnüsse
60 g gehackte Walnüsse
100 ml Milch
4 leicht gehäufte EL Kakao

UNGEBACKEN

TIPP
Wer möchte, kann den Nüssen noch 60 g Rosinen beifügen.

KÄSE-SCHNITTEN

ZUBEREITUNG

Für den Teig:
- Milch mit Zucker erwärmen und die Trockenhefe darin auflösen.
- Mehl und Salz auf die Arbeitsfläche sieben, Butter dazugeben und beides abbröseln.
- Eigelbe und die in Milch aufgelöste Hefe untermischen und zu einem Teig kneten. Diesen in zwei Teile teilen (je 235 g).
- Den ersten Teil so groß wie das Backblech ausrollen, auf die Teigrolle wickeln und in das mit Backpapier ausgelegte Backblech legen.

Für die Füllung:
- Quark oder Schichtkäse mit dem Grieß und der geriebenen Zitronenschale verrühren.
- Eiweiß steif schlagen, Zucker einrieseln lassen und alles zu einer festen Masse mixen und unter den Quark heben. Die Füllung auf den Teigboden streichen.
- Den zweiten Teigboden ausrollen, die Füllung damit bedecken und mit einer Gabel einstechen.
- Den Backofen auf 180 °C Umluft vorheizen – so lange muss der Kuchen noch ruhen. Den Kuchen 15 Minuten backen. Auskühlen lassen, mit Puderzucker bestäuben und in kleine Würfel (3 x 3 cm) schneiden.

ZUTATEN

Für ein Backblech von 20 x 27 cm, oder man nimmt die doppelte Portion für ein Backblech von 30 x 40 cm.

Für den Teig:
250 g Mehl
125 g Butter
3 Eigelb
50 ml Milch
1 ½ EL Zucker
Eine Prise Salz
½ Päckchen Trockenhefe

Für die Füllung:
500 g Quark oder Schichtkäse
150 g Zucker
2 EL Grieß
3 Eiweiß
Schale einer unbehandelten Zitrone